JN439294

2006년& 윤 정

드라큘라의 정사

지 은 이 : 윤 정
펴 낸 이 : 우미경
편 집 : 윤기영
일러스트 : 백정호

인 쇄 : 초판인쇄 2006년 12월 7일
인 쇄 : 초판발행 2006년 10월 13일
펴 낸 곳 : 도서출판 현대시선
주 소 : 경기도 부천시 원미구 원미동 147-12호
전 화 : 02-2633-5756 02-844-5756
팩 스 : 02-831-5832
등 록 : 제 387-2006-00017호
ISBN : 89-957993-5-8-03810
값 7000원
홈페이지: http://www.hdpoem.co.kr
이 메 일: film20022002@hanmail.net

드라큘라의 정사

윤

정

도서출판 현대시선

발문1

윤정!

그는 프랑스 유학 시절에 만났던 '미셸 투르니에 ' 이미지화 된다

윤정 시인은 자본주의 논리를 바탕으로 한 문명의 이기는 이 시대에 이미 무덤에 다다랐는지도 모른다면서,

시대와 조화를 이루지 못한 자신의 삶이 불협화음으로 청중의 귀를 거스르게 할지 모르나 포만한 문명의 경계를 가르는 새로운 세상을 가겠다는 뜻을 의미한 시들의 시작(詩作)이 너무나 가슴에 다가 왔다.

바닥난 물질문명이 위선과 잔혹성을 가차 없이 드러내고 있는 시대와 투쟁하면서 겪을 수밖에 없었던 오만과 치욕, 상처로 얼룩진 욕구, 그러나 그 욕구를 더 채우기 위해 우리는 아직도 아니 죽는 날까지 채워지지 않는 물질을 좇아가고 있는지도 모른다.

시인 윤정은 말한다. 정신문명의 포만은 타협도 아니며 물질문명과의 투쟁에서 얻는 것 또한 아니라고, 그는 세속을 따라 유행하는 삶을 단호히 거부한다. 삶의 진행을 방해하고 흐트러뜨리는 상실감이 물질문명 속에 존재한다면 정신문명은 근원적인 태초의 과부족 없는 청정한 삶 속에 존재한다고 말한다.

시인 윤 정의 시에서 자주 만날 수 있는 어휘가 '기쁨'과 '사랑'이다. 時俗에서의 현실에 대한 한계보다는 삶에 대한 무한한 가능성의 사랑을 노래하고 있으며 그 경계를 두지 않는다.

언젠가 들렀던 윤정의 서재에 '묵행(默行)' 이라는 글이 있었다.

'묵행'은 이 시대를 살아가는데 있어서 정신문화의 중요성을 말하는 근원적 성찰이며 그의 삶 또한 그러하다. 그러므로 그런

글이 나오지 않겠는가. 그의 '묵행' 은 적당히만 가지려는 의식의 단절과 행간을 중시하는 삶에 대한 지표가 아닐까 싶다.

조 사익 (홍익대 미학 교수. 시인)

발문2

몇 년 전 문단 모임 행사와 관련하여 윤정 시인을 만났습니다. 처음에 그는 해맑은 웃음을 지닌 童顔의 시인으로 보였습니다. 그러나 그의 시를 접하면서 많은 것을 느꼈고 가끔은 삶에 대해 다시 생각하는 기회가 되기도 했습니다. 그런 느낌을 받아서일까요. 그 후 그는 내게 귀중한 존재가 되었습니다.

시인 윤 정의 시는 깊은 시심으로 끌어들이며, 그 의미를 남달리 바라보게 하며, 영혼의 소리, 그 움직임까지 바라보게 하는 상상력의 바탕이 되기도 하고 또 그 이상의 의문을 불러오게 합니다. 영원한 존재가 있을까 라고 반문하는 어리석음을 일깨워주는 시인이 바로 윤 정입니다.

그는 단정과 고립을 극복하고 우주 전체의 질서와 연관 속에서 존재하는 참다운 자아를 발견하게 합니다.

그 무심하고 선명한 세계는 비록 가상현실인 그림자의 세계에 불과하지만 분열과 단절의 현실이 넘어선 저 세상 시간 밖의 자아를 확인 시켜 주고 있습니다.

그의 시는 세계를 더욱 넓게 껴안을 수 있는, 현실을 긍정하고 조화로운 삶을 추구하는 합일의 세계로 나아갈 수 있는 가능성을 지니고 있다고 봅니다.

그의 시 세계가 더욱 큰 나무로 뿌리내릴 수 있기를 기원합니다.

구 본홍 (의학박사. 시인)

시집을 내면서

나의 피해 의식을 보면서 얼마나 많은 방해와 의무가 진리를 향하게 하는지, 또한 나의 자괴감은 상대적으로 예리한 지성 사이에서 늘 고민하며 나를 사랑하게 되었는지, 나는 그것을 시로 통해 성찰하며 나를 죽이며 살아간다.

세속에 물들지 않은 순수한 이상은 자신을 현실의 낙오자로 인도했어도 추락하는 나의 날개에는 자유라는 엄청난 힘을 키워가며 다가올 시대를 향한 새로운 외침을 이 시집을 통해 존재하는 것이 아닌지. 삶은 어차피 머무름이 아니고 변화와 확장이라는 창조가 아닌가. 그 창조가 감성의 벽을 넘어 실천적 의식의 바탕으로 살아간다면, 아마 이 과정을 가르쳐 주는 것이 詩라고 생각하며 詩에게 다가서려했다.

나는 학문이란 일정한 체계가 서 있는 지식의 의미라고 생각한다. 그 의미의 내용을 예견하고 인도하는 주체적 삶을 詩라는 문학을 통해 정화하고자 노력했다.

여태껏 부족한 글을 내기까지 도와주신 분들께 심심한 감사를 드리며 아울러 현대시선 출판 관계자 및 문우 분들에게 영광을 돌린다.

2006 년 12월 5일

나봄심리상담연구소에서

윤 정

POEM 1부

『시학의 시원(始原)』

18 - 기다림

19 - 오디션

20 - 가을에 당신에게 부치는 편지

22 - 가는 가을아

23 - 가을 약속

24 - 사랑하는 이여

26 - 가을 여자

28 - 니가 내 사랑을 아니

29 - 아직, 나는 가슴이 없나 보다

30 - 내 눈물 그대에게 슬픔 되지 않을게

산불 - 32
이루어 질 수 없다면 사랑하자고 그러자 - 33
종착역 - 34
감옥 - 35
이제 다르게 살고 싶다 - 36
정말 보고 싶다면 - 37
사랑하고 그리운 것은 - 38
사랑이 오는 곳 - 39
아플수록 사랑해 - 40
그대 내 사랑 믿어나 주겠니 - 41

POEM 2부

『풍랑후의 항해사』

44 - 문신紋身
45 - 약속
46 - 실종의 오류
48 - 개새끼
50 - 간이역
51 - 늘 순결한 섹스로 죽으며 산다
52 - 하늘과 땅 사이
53 - 창조주는 진실하다고 한 번만 말했다
54 - 똥 쌀 때 이별이 그리워 사랑할 수 있겠다
55 - 아무도 알 수 없는 곳에서는

파괴자 - 56
點이 線을 그으면 空間에서 웃을 수 있다 - 57
나쁜 사람 없다며 살다 가자 - 58
우린, 지지 않는 해를 안고 살더라 - 60
나는 누군데 - 61
자폐증 - 64
어떻게 살까 - 65
변하지 않으면 어떻게 살래 - 66
12월 24일 마구간에서 - 67

POEM 3부

『새로이 엮어낸 뗏목』

70 - 바위
71 - 겨울 남자
72 - 가을의 미련
73 - 가을 아픔
74 - 별
75 - 가을 속살
76 - 가을에게 쓰는 편지
78 - 바다의 생명

이 봄날에 - 79
산 - 80
바다 - 81
돌이 꽃으로 피기까지 - 82
땅 - 83
얼음 - 84
하늘 - 85

POEM 4부

『모순으로 이루는 평등』

88 - 드라큘라의 정사
90 - 내 손은 우주 별 밭이다
91 - 흉가
92 - 왜 믿지 않는가
94 - 나는 밤마다 죽어야 한다
96 - 사랑을 아는 날
97 - 동(動)
98 - 삶
99 - 허공의 사랑
100 - 원기둥 세워 구멍에 박고 산다
101 - 모순이라는 평등
102 - 하늘을 보며 세상을 보며
103 - 大數學의 고뇌를 알고나서

무레타 - 104
머문 바람 하나 가지고 산다 - 106
몸살 - 107
파피루스나(양피지) - 108
죽지 않으리 - 110
해탈이 부서지는 밤에 - 111
호미노이드 - 112
아이겐벨트(Eigenwelt) - 113
사람아 사람아 너는 세상이 아니잖아 - 114
神 보다 아름다운 사랑 - 115
이름 없는 꽃으로 - 116
정신 분열증 - 117
『100자 서평』 - 120
『난파선의 항해술 서평』 - 121

1부 POEM

시학의 시원(始原)

그대에게 다 벗고
아무 것도 입지 않았었지
다 벗은 줄 알았는데
벗어지지 않는 것 있다네

세상사는 동안
벗지 못 할 옷이라면
그대 위해 묵혀두고 빚어내며
나중에 다 벗어 주기로 했다네

가을 사랑 중에서....

기다림

너를 그리워하며 살아간다
늘 먼저 가 너를 기다리며
내 모든 발자국을 몸에 안고
너를 기다리며 머물러 있다
기다리는 곳에 문을 열고
들어오는 모든 사람을 보며
너를 찾으려고 기다리며 산다
어떤 날은 어린이, 어떤 날은 할머니가
오늘은 어머니가 들어 오셔서 나가신다
아직도 나는 먼 곳에 있는
너를 기다리며 산다
말하지 않는 너에게 들으며
네게 다하는 그 날까지
아이처럼 자라나 아빠가 되고
할아버지가 될 때까지
너를 보면서
말없이 기다리는 너를 향해
걸어가며 산다

오디션

한 명만을 위해
불 꺼져 있어도
밝히려는
고독한 떨림이

세상으로 나와
한 명의 미소가
세상을
흔들 때이다.

가을에 당신에게 부치는 편지

안녕하세요? 오랜만입니다.
이렇게 가을이 가는데
아직 당신이 기억나는 건
영글어진 사랑의 기억이 내 가슴에
그리운 꽃잎으로 지지 않는
이유인지 모르겠습니다.

혼자 와서
혼자 가는 데
함께 했던 그 길
오늘 낙엽에 깔려도 고독하지 않는 건
사라질 수 없는 영원의 노래가
당신한테 들려오기 때문입니다.

어느 날 폭염 속에서
어느 날은 바람과 빗속에 머물렀다
그렇게 하염없이 다녀가신 당신
이제 저 높고 맑은 하늘 아래
먹구름 갑자기 몰려와도
두려워하지 않겠습니다.

어두운 밤 홀로 있을 때
당신은 내게 와서
내일을 밝힐 생명이었습니다.

잠 못 들어 뒤척이는 지친 새벽
내가 듣고 싶은 것, 하고 싶은 말
기억했다 동트는 새벽에
항상 들려 주셨습니다.

피나는 고통과 눈물 흘려도
당신은 내 자리에 계시면서
만져 보라고 놓지 말라고 하셨기에
이 가을 고독의 빗장 풀고
따뜻한 사랑으로 채우며
겨울이 오면 잠그라고 하셨기에
이 가을 슬프지 않은 이유를 알았습니다.

가는 가을아

말없이 묘 표 쓰다듬는
노인에게
그리운 슬픈 냄새
외롭게 풍긴다

노랗고 빨갛게 묶는 꽃다발
가만히 내려놓고
두 손 모은 손길
그리운 사람 냄새가 난다

그렇게 보고 싶던
사람 사는 냄새
목초 부드러운 묘지 위
쓰러져 흩어진다

선 붉은 가을
석양에 걸려
고독한 그리운 노을
뜨겁게 내일을 사정한다

사람 사는 냄새 태우며
여물게 잘익은 너 누이고
그리고
겨울에게 함께 가련다

가을 약속

날마다 걸친 누더기
밤마다 늘 벗어야 했었네
그대 앞에 다 벗은 몸으로
누워 사는 이유도 알 것 같다네

그대에게 다 벗고
아무 것도 입지 않았었지
다 벗은 줄 알았는데
벗어지지 않는 것 있다네

세상사는 동안
벗지 못 할 옷이라면
그대 위해 묵혀두고 빚어내며
나중에 다 벗어 주기로 했다네

다 벗고 가는 날
서로의 운명 끝에 처음처럼
마음까지 놓고 그대에게
다 벗어 놓고 가겠네

사랑하는 이여!

사랑하는 이여!
설령 사랑 받지 못했어도
괜찮다고 위로하며 살았지
누군가 마음속으로 사랑하면
그저 순수하고 아름다워진다 했어
어느 날 눈으로 당신 보았는데
왜 마음이 아픈지 이제 알 것 같아

사랑하는 이여!
달이 기우는 것처럼 보여도
사실은 늘 그대로
그 곳에 존재한다는 걸
잊지 말았으면 해
자신이 소중한 건
모두가 다르더라도
서로 아름답다는 것이야

사랑하는 이여!
모든 걸 버려도
너를 버릴 수 없다는
내 삶의 존경이
이젠, 신에게 편지할 수 없는
삶으로 살아가게 할 거야

사랑하는 이여!
내 마음 아파도
너만 행복할 수 있다면
혼자인 내가 낯설지 않아
조금 멀리 있어도 내 삶
너의 삶 되고파
삶을 포기할 수 없는 거지

가을 여자

나는 너에게 가서 떨어져야 했다
흰 언덕 넘어 나누어진 둥근 산 계곡을
실크 천으로 건너 갈증을 핥고 더듬거리며
너에게 나를 맡기고 온 세계에 파묻혀
야만인을 꿈꾸며 더 깊게 파고 들어가
나를 버리고 나를 찾았다

가을 터널에 나부끼는 낙엽으로 서성이며
너를 향해 날아가는 그리움이어야 했었다
복수를 꿈꾸다가 너를 사랑했고
살아남으려고 난 너를 버릴 수 없는 운명이었다

저 우유 빛 쏟아지는 피부 위에
이끼 낀 나의 썩은 육체는
달콤한 체리 향을 그리워했었다
향기 나는 헤즐럿을 마시고 윤기 있는 담백한 육질은
허기로 채워진 내 슬픈 결핍의 욕구마저도
너의 둔덕에 국화향으로 몸살을 앓았었다
너의 애잔한 슬픈 흐느낌에 절정의 칼춤을 추며
나를 도려내며 가을비에도 서러워 하지 않았다

여자여!
너는 다른 나의 경이로움이었다

내 갈증의 끝없는 욕망이었다
외로운 갈증의 강물이 마를 때
나에게 흘러내리는 너의 사랑을 마시러
그 검은 풀섶 사이 영원한 갈증 채우려고
얼굴 파묻고 갈대 서걱거리는
한없는 슬픔 적시고 적시며
깊은 가을 너에게 잠을 청하러 가련다

니가 내 사랑을 아니?

니 맘 속에 날 함부로 넣지마
니가 내 사랑을 아니?
더 두고 있다면 욕이 될 수 있어
살아온 아픔 덕지 덕지 붙어
지난 딱지 없어지지 않았는데
니가 내 사랑을 아니?
실수가 고의보다 무서울 때가 있어
사랑은 변하지 않지만
마음은 변하는 거야
"왜! 건방지게 내 사랑 앞에
영원히를 붙이는 거야"
니가 내 사랑을 아니?

아직, 나는 가슴이 없나 보다

시간은 가슴을 두드린다
스치지 않았던 시간은
생각을 두드리며
그대 가슴만 찾는다

소리 없이 당당하게
시간에 의해 사라질
파괴될 운명을 아는 생각들이
그대 가슴만 그리워한다

마음속을 달리는 여전한 빛 하나
아직도 어두운 밤중에 혼자서
그대 서 있는 길 위를 달리는 그림자다

생각이 드리워진 그림자 가슴은
시간이 지나가는 말발굽 소리를 듣고서
그대 가슴에 잠들어 운명을 버린다

아직, 나는 가슴이 없나 보다

내 눈물 그대에게 슬픔 되지 않을게

봄 햇살 쏟아지는 날
왜 이리 가슴 저리고 아픈지 몰라
펑펑 소리 내어 울고 말았다
어린 날 교회 지하 구석에서 그렇게
울었던 기억 외엔
오늘 같은 날은 없었지
교회당 지하에 가서
이제 울고 싶지 않은 것은 분명
같이 울 사람이 있다고 생각해선가 봐
그 사람 앞에서 울면
하나님보다 신성한 교회보다
편안할 것 같아서 일거야

오늘 눈물이 흐르는 것은
슬퍼서가 아니지
아마 살아온 삶, 누구에게도 말 못해
맺혀진 아픈 자국 떨궈낼 수 없어서겠지
나누지 못한 작은 그늘 같은 삶,
나는 내가 슬퍼서 우는 줄 알았지
이 아름다운 봄날 눈물이 더 나는 것은
싹 오른 대지의 부활에 입 맞추지 못한
그리운 눈물 같은 것이겠지

그대여! 내 눈물
슬픔이라기보다 말하지 못한 외로움일 거야
아픔 보다 위로 받지 못한 고독일 거야
두려움보다 지독한 삶을 알아버린 탓일 거야
이별보다 함께할 수 없는 서러움 같은 것
말 할 수 없는 응어리 쏟아낼 수 없어서겠지

이름 부를 수 없는 그대여!
이 찬란한 봄날에 나 울고 싶다
내 눈물 흘릴 수 있게 곁에 있어 줄래
내 눈물의 주인 되어주지 않을래
내 눈물 그대에게 슬픔 되지 않을게

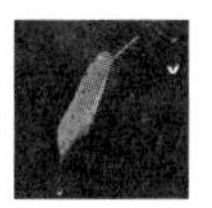

산불

산이 불났다
당신이 다가와
손으로 안아 버리자
타지 않는 수많은 불꽃이
산을 태운다
수많은 생명 앞에
불 질러진
타지 않는 산불이다.

이루어 질 수 없다면
사랑하자고 그러자

이루어 질 수 없어야
사랑이 태어난다고 하자
사랑이 이루어졌다면
무엇이라고 하겠느냐
이루어 질 수 없어야
사랑할 수 있다고 말하자
이루어진 사랑은 사랑이 아니라
아름다운 삶이라고 그러자

삶이 세월을 입은 추억이라고 하면
서로 살아온 진실이라고 말하자
이루어 질 수 없는 사랑을 하자면
서로 순결하다고 믿어 주자
이루어 질 수 없는 사랑으로
서로 슬프고 아프면
갖고 싶은 욕망이라고 그러자

이루어 질 수 없는 곳에
사랑이 있다고 살아가자
이루어 질 수 없다면
사랑하자고 말하자
이루어진 사랑을 삶이라고 하며
이루어 질 수 없는 사랑을
사랑할 수 있다고 그러자

종착역

순수했노라
그렇게
목메어 불렀지만
이 여자 저 여자의
영혼이 뒤섞였다는
이야기를 하고서
사랑은 나에게 없었고
부분을 채우려는
갈증의 전부는
가끔 발신 영혼을 잘라먹고
잠적하고서
불안하다고 느끼면서
제발 이 여자
내 종착역이라고
멈추어 달라고
철로변에
뛰어들었다.

감옥

간혀 버리고 싶어
더 넓고 깊어도 좋아
빠져도 두렵지 않아

나오지 못해도
당신 가슴 안에
보고 싶은 것
보고 나누며
사는 곳이지

이제 다르게 살고 싶다

알 수 없는 아픔들이
그리움을 열고 하늘 보는 날
한 사람이 사무치게 그리워진다

이름은 알지만 모습은 지금 없다
그러나 지독한 고독만은
찾아갈 줄 안다

겪지 못한 온갖 삶 그리워하며
죽음이 날 불러도
그래도 그 사람 사랑을 믿는다

아픈 가슴 꽃대 위 피 흘리신 당신

이제 다르게 살고 싶다.

정말 보고 싶다면

보고 싶다고요

그리움이
있어서일까?
사랑이
잊어서일까?

그래도 보고 싶다고요

기다림에
지쳐 그럴까?
죽을 것 같아
그럴까?

정말 보고 싶다면……

없어도
그리움
기다림으로 쌓아
가슴으로 살면서

보고 싶은
그대 되는 것이야

사랑하고 그리운 것은

내가
나를
이길 수 없어서야

내 속에 그대가
나 보다 나를

더 많이
사랑하니까

사랑이 오는 곳

따스하게
쳐다보는 곳에서

끝없이
보고 싶은 길로

그리고
그리움이 그리움 되어
사랑이라 말하지 않더라도

그대의 사랑으로
내가 묻어나오는
아름다운 모습을
늘 보는 따스함 속에

아플수록 사랑해

아플수록 그리워
아프지 않고 살 수는 없어
아픔은 누구에게나
운명처럼 버티고 있어

아픔은
몰라서 실패하고 좌절도 하잖아
잘못해서 참회의 눈물도 흘려
아픔은 늘 삶 가운데 살아
아픔을 알면 사랑도 알지

아픔을 외면하지 말고 사랑해
그 사랑 힘 있고 진실해
아파할수록 사랑은 커지는 거야
아파할수록 사랑은 깨끗해서 좋아

아픈 사랑은
지난 아픈 자국까지 지울 수 있어
아프면 아플수록
그리워할 줄 알지
아플수록 사랑하게 되지
아플수록 사랑해

그대 내 사랑 믿어나 주겠니

아득하게 하얀 밤 눈 감고 벗은 내 몸 보며
지난 찬란한 빛이 내 자랑이었나
그대 그리워 이 몸 그렇게 오늘 죽이려고
살았는데 그대 믿어나 주겠니
바보처럼 별 없는 밤에 별을 세며
그대 내 사랑 믿어 주겠니

늙어가는 수줍음 보며
어쩔 수 없어 철없이 사는 나를 안고
썩어 없어질 이 몸에 그대 감고
그리워 그리워서 이 밤을
재우지 못해 몸서리치고 있어
그대 내 사랑 믿어나 주겠니

미친 놈!
이렇게 가까이 그대 내 속에 있으면서
그렇게 멀어져 있었단 말인가
그대 눈부신 모습 내 가슴에 살면서
이 썩은 짐승 늘 속 울음만 삼키고
살아야 했는가?
그대 내 사랑 믿어나 주겠니

2부 POEM

풍랑후의 항해사

높은 [illegible]살을 타고 오르고 내릴 때 마다
인자한 할아버지 마실 나와 달을 보던
흐뭇한 표정을 잃어버리게 한다
주식과 화폐량에 자신을 얼마나
버렸는지 잊었는지 스스로가 알까?
더 선명한 모니터로 평범함이 무너지고
항상 특별함이 삶의 이미지가 되어
불안한 모습으로 나를 구속시키고
세상 속에 차갑게 나를 마비시키며
스스로 외로워하며 산다

실종의 오류 중에서....

문신紋身

잎이 진다고 하지 말자
저 물 오른 기둥에 새기고
뿌리가 얼마나 물들어
하늘 향해 숱한 생명을 기다리며
있는지 아느냐
세상을 보아라
저 깊은 대지에 새기며
하늘 향해 우릴 물들이며
찬란한 무늬를 얼마나
가슴에 새겨 놓았는지 아느냐
그대여!
난 그대의 중독자
이미 뼈 속에 물들었고
살에 새겨진 그리움 쫓아
그대 향한 영원한 도망자
지는 잎도, 단풍도 없다
세상마저 보이지 않는다
저 가득 찬 빈 그 곳
상실의 아름다운 중독자로
그대! 무엇이든 새겨지길
그리고 그대라고 부르고 싶은
지독한 나

약속

大地 위로 보이는 저 하늘
그대와 얼마나 떨어져 있나?
그 틈만큼 내가 갈
시간 모를 그리움

다가설 수 없어도
바라볼 수 있기에
내 사랑 그 사이 끊임없이
별꽃 피우다 쓰러지리

그대와 나
그렇게 그리움 태우고
어둠 밝히며
이 몸 죽은 뒤

그 사이 그 틈
빛 보이면
아득한 영원 길
다시 함께 오리라.

실종의 오류

초가지붕 둥근 박 위에
뾰족하고 둥근 접시가 각진 공간에서
광속으로 달리며 나를 보지 못한 나를 버린다
고무신 신고 삽작길 달리며 별을 잡던 어귀에
아스콘과 가죽 신 신고 검은 타이어 굴리면서
멈추기도 하고 달리기도 한다
등잔불 밑에서 삯바느질 하는 어머니
구멍 난 양말에 전구 낀 모습은
찬란한 백화점 명품 조명 아래
숨죽이고 또아리 틀며 불안과 두려운 시선으로
나를 보지 못한 채 나를 버리며 산다
시시각각 검은 판때기에 배열되는 숫자,
붉은 화살을 타고 오르고 내릴 때 마다
인자한 할아버지 마실 나와 달을 보던
흐뭇한 표정을 잃어버리게 한다
주식과 화폐량에 자신을 얼마나
버렸는지 잊었는지 스스로가 알까?
더 선명한 모니터로 평범함이 무너지고
항상 특별함이 삶의 이미지가 되어
불안한 모습으로 나를 구속시키고
세상 속에 차갑게 나를 마비시키며
스스로 외로워하며 산다
낮과 밤이 더 환한 세상,

보이는 것이 더 많은데
더 어두워진 나는
구더기 꿈틀거리는 배설물 속에
그 꽉 찬 징그러운 아우성 들으며
오래된 것의 미래가 부활할 수 없는가?
혼란의 악취가 슬프게 나를 감금시키며
실종된 아픈 진실을 끝없이 잊으려 해도
볼 수 없다는 무관심으로
사라지지 않고 기다리며 버티고 있다

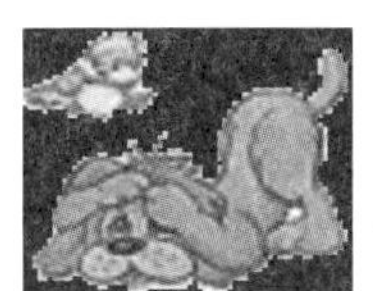

개새끼

늦은 밤 어둠 파고 길 모퉁이 서성거렸다
세상 버림 삭히지 못해 슬프고 검은 얼굴 하며
배 곯아 허우적거리며 불안한 눈빛으로
가로등 불빛에 숨기며 있었다
바삭 말라버린 얼굴 보이며
침을 삼키며 뼈다귀 던져버린
시궁창 속에 혓바닥을 내밀며
죽지 못한 삶을 괴로워하며 살았다
비 오는 날 말발굽 소리와 천둥소리
빗물에 젖어 깨어진 소주병에 남은 알코올
킁킁거리며 빨다가 삶을 붙들고 통곡도 하였다
두발 달린 시선들이 나를 보고 고개 돌려도
이 가진 육신 하나 어떻게 살았는지
어떤 일에 보상도 기억도 없다
숱하게 고독한 친구들 만나면서
어느 날 갑자기 시체가 되어
쓰레기처럼 실려 가더라도
슬퍼하고 괴로워하지 않겠다
세상에 어느 누가 손가락질하고
오늘도 굶주린 허기에 영혼을 팔더라도
말없이 내어주고 배불린 편안함으로
나를 더 내어주고 싶다
쓰러져 가는 이 목숨 호흡 한번 하면서

세상에 남아 있는 것이 무엇인지 몰라도
그게 나의 운명으로 보며
내 눈물 어둠에 바치고
내일의 태양 보지 않겠다고 짖고 있다.

간이역

하늘과 대지 철로 위
가장 절망적인
깊은 아픔 울리며
내 몸 덜컹거려도
당신 가슴으로
울지 않고 내린다

살이 울음으로 녹아
앙상한 뼈로 검게 탄
아픈 기적 울려도
가슴 깊이 자리 잡은
당신 가슴 내 놓고
울지 않고 내린다.

늘 순결한 섹스로 죽으며 산다

변해야 새로워지지
새로이 시작한 그 사랑 첫사랑이지
떨어지지 않는 꽃은 그림일 뿐
죽지 않으면 생명 없는 삶인 거야
세월은 가는 것이 아니지 늘 새로이 오는 거지
그 속에 들어가 둘이 하나 되면
그건 순결하고 소중한 아름다움이지
누군가 미친 곳에 미치면 미쳤다고 하지만
미치지 않은 곳에 미쳐 버리면
세상에도 없는 새 세상 가진 거지
그 세상에서 섹스 하면
아담, 이브의 원죄는 없는 거야
지금 이대로 죽는다 하더라도
죽을 만큼 그대 사랑한 세상이지
태어날 때 울었던 벅찬 울음보다
그대 가슴 위에 쓰러져
절정의 어린 울음 끌어안고
죽도록 사랑할 이유 하나 가지면 되지
내 안에 오직 그대만 있어
그대 삶 오늘 되어 있는 곳에
늘 순결한 섹스로 죽으며 사는 거지

하늘과 땅 사이

하늘에 있다가
땅으로 왔다
그래서
하늘과 땅 사이 산다

먼 별 그리움 하늘 되고
달빛 사이 보고픔 땅 위 떨어져
사람 되어 사랑을 꿈꾼다

내일이 오고
오늘이 가도
세월은 하늘과 땅 사이
사랑을 낳는다

문 없는 자리
안과 밖 없는 곳에
땅 밟고 일어나
사랑이 된다

하늘 모습이 땅이고
땅 모습이 하늘이다
하늘과 땅 사이
사랑이 산다

창조주는 진실하다고 한 번만 말했다

있어지는 저 풀잎 하나에도
만들어진 수많은 물건 속에도
보이는 땀으로 보여 지지 않는 사랑으로
진실을 보여 주고 있다는 것이야
수많은 계산도 풀어보면
진실을 드러내어 보이려는
아름다운 논리의 순서가 아니겠니

창조주가 열심히 착하게 살라고 했다면
최선을 다하는 그 자리에 진실이 있기 때문이며
나누어 섬기라고 말했다면
그 속에 아름다운 진실들이 퍼져
생명으로 있는 날 세상에 나와
이름 하나 부르며 사랑하면서
살아 갈 수 있어서겠지

그 모습으로 있어진 이 세상
구속이 아니라 진실한 모습이기에
오늘도 세상을 아름답게 사랑하라고
세상에 모습으로 태어나 말하지 않고
보여 주고만 있는 거지
사랑은 진실하기에 영원하다고
한 번만 말하고서 보여 주고만 있는 거야

똥 쌀 때 이별이 그리워 사랑할 수 있겠다

너가 내게로 오기까지
얼마나 많은 햇살과 비에 젖어 있었는지
잎과 과일로 맺혀 흔들리는 바람을 맞으며
얼마나 견뎌 왔는지 내가 알 수 있겠느냐
내 입으로 오기까지 그 많은 생명과 입맞춤 한 것
누가 너에게 불륜이라 하겠니
그냥 있어진 자연스러움
꽃이 피고 지고
잎이 나고 떨어지고
뿌리째 뽑히더라도
모두 그 속에 버리고 가는 이별
얼마나 아름다운 사랑과 이별인지
똥 냄새 맡으며 나는 사랑을 익힌다
대지와 이별하는 순간, 죽음 잊은 채
내 속에 생명이 되어 나를 살리며
남은 찌꺼기 응! 하고 끊어져
변기에 버려져 씻겨 가는 이별을 보고서
내 그리움도 사랑할 수 있겠다

아무도 알 수 없는 곳에서는

아무도 없는 곳에 가고 싶다
아득하다는 그 곳에 나 혼자
나를 보고 싶다는 것이겠지

물소리도 들려오고 바람이 부는 소리도
낙엽 쓸어가는 소리, 꽃피는 소리도
해지는 저녁, 노을 지는 소리마저도
늘 하루라는 곳에 떠돌고 맴돌다가

내가 없는 곳에 하루를 새롭게 만들면서
사랑하자고 그렇게 떠드는 소리를
처음 듣고 보고 싶어서다

아무도 알 수 없는 곳에
처음으로 그대의 순결이
숨 쉬고 있다는 것을

이제 보면
사랑할 수 있겠다.

파괴자

이 세상, 더럽지 않다면 아름답지 못하다
곰팡이 나는 언어의 감옥에 갇혀
知性의 呪文 부르기에……
이미 멍들어 버린 머리의 큰 타박상은
한계의 고통으로 피 맺혀 신음하고 있다

다시 죽고자 스스로 분열을 그리워하며
끝없이 죽으면서 영원의 분석을 그리워한다
심각하게 찢어지는 비극의 수많은 나는
누구를 향한 대화도 아니고
독백을 향한 지독한 파괴자다

한 번도 침묵할 수 없는 나는
스스로 벽을 무너뜨리고 다시 쌓고
심판자가 되기도 하고, 파괴자가 되기도 한다
진리를 사멸하지 않기 위해 나는
보이고 소유할 모든 것에 개념의 이름을 새기며
나를 죽이고, 다시 창조의 파괴자로
심판자를 기다리며 파괴하고 있다

點이 線을 그으면 空間에서 웃을 수 있다

어린 시절 우리 동네 구멍가게에
할아버지 한 분이 계셨다
늘 인자하고 평온하게 웃으시면서
손님들에게 정성스럽게 대하셨다
고사리 손으로 눈깔사탕 사먹으러 온 아이에게도
찌그러진 표정으로 소주 사시는 험상궂은 아저씨에게도
눈두덩이 시퍼렇게 멍들어 콩나물 사시는 아줌마한테도
붉은 루주 칠하고 짧은 치마에 담배 사는 아가씨에게도
구멍가게 할아버지는 늘 웃으시며 사셨다
점점(點點) 세상을 배우는 아이였을 때
내가 어떻게 살 것인가 고민하며 선(線)을 그었을 때도,
외롭고 힘들 때에도 늘 구멍가게 할아버지를 그리워했었다
점점(點點) 자라서 내가 그어 놓은 길을 걸어 갈 때에도
지금 앉아 있는 곳에서도 주인은 늘 할아버지 웃음이었다
지금껏 살아오면서
삶의 점(點)들이 선(線)이 되면서 웃을 수 있는 것은
아름다운 삶의 공간(空間)을 만들어 놓아서 그렇지 않겠느냐!
어떻게 살더라도 나는 할아버지 웃음을 하고 살 것만 같다

『참고 : 點은 점점(点)보다 더 시각적이고 공감각적이라
시어로 선택한 한자어 입니다.』

나쁜 사람 없다며 살다 가자

세상에 올 때
태양의 붉은 바다에서 건져 내어
하얀 보자기에 싸여 세상을 깨우려고
그렇게 이슬 같은 눈물 흘리며
세상을 흔들어 놓았나 보다

세상을 살아가니
나쁜 사람이 많다고 하더라
물건을 훔치면 도둑이라 하고
사람을 속이면 사기꾼이 되고
사람을 죽이면 살인자라고 하더라
나쁜 사람이라 하지 말고 아픈 사람이라고 하자
그 사람들 울면서 아프게 살았다 하더라

세상에 살면 살수록
나쁜 사람이 더 많다고 하더라
가진 것이 많아 내 마음대로 살고 싶고
가질 것이 많아 훔치고 죽이며 갖고 싶고
가두어 보고 싶어 넓게 높게 꼭꼭 숨어 살더라
나쁜 사람이라 하지 말고
없어서 배고픈 사람이라고 하자
그 사람들 울면서 없어서 배고파 살았다 하더라

세상 갈 때 나쁜 사람이 없다고 살다 가자
세상 만든 덪에 이슬처럼 달려 산다고 하자
비친 대로 달려있는 이슬같이
보이는 대로 보며 사라져 가는 빛 방울이라 하자
세상 갈 때 나쁜 사람 없다며 살다 가자

우린, 지지 않는 해를 안고 살더라

사랑 해는 지지 않더라
늘 새로이 떠올라
우리 가슴에 지지 않고 있더라
행복한 해도 지지 않더라
늘 어렵고 힘들 때 그대 위해
가슴에 지지 않고 기다리더라
영원한 해도 지지도 않더라
사랑도 행복도 영원하기에
가슴에 지지 않고 산다 하더라
우린, 지지 않는 해를 안고 살더라

나는 누군데?

뒤로 갈 수 없던 먼 길에서
채털리 부인의 사랑을 읽으며
이성에 눈뜨고서
하지 못한 욕정에 매달려
철없이 살았던
나는 누군데

격리된 생활에서 나와
잠자리하던 한 여인과 있었던 그날
지금 갑자기 생각나는
나는 누군데

거룩한 성전에 앉아
그리워하던 예수의 사랑이
구원의 전부라고 믿고 있는
나는 누군데

부처의 자비를 깨치고자
영겁을 넘은 무념無念의 그리움
가득 찬 그곳에 머물러
나온 해탈의 거듭난 순간의
나는 누군데

멀어져서 둥근 별을 보고

지구가 아름답다고
감동을 이야기하던
달나라의 신사였던 암스트롱이
생각나게 하는
나는 누군데

간디가 되기도 하고
히틀러가 되기도 하는
나는 누군데

슈베르트 곡을 들으면서
헤겔의 변증법을 읽으며
오늘 있는
나는 누군데

의식으로 배선된
하얀 몸의 백지 위에
언어로 나를 표현하며
오늘 살아온 나를 일기장에 쓰는
나는 누군데

천당에 가자고
지옥에 가지 말자고
사랑을 이 땅에 피우기 위해
다시 어두운 곳으로 가려는
빛 같은 나는 누군데
빛 아래

사람의 모습으로
사랑하고 남겨 둔
열매 하나 키우려는
아버지와 어머니 같은 삶으로 사는
나는 누군데

나는 누군데
의문의 삶 속에
당신으로 살아온 모든 날 속에
나는 누군데

가질 수 없기에
다 남을 수 없으므로
가진 것 버리고
사랑은 더해야 한다면서
그 사실이 삶이라는
나는 누군데

내가 누군데 내가 모르니
내가 사는 것이라고
나는 누군데?
그 사실로
살 만하지 않은가?

자폐증

바람이 든 무속이
가슴을 뭉개고서
유폐시키려 한다
사과나무의 열매가
까치발에 밟혀 형체를
상실하며 바삭 말라가고
의식의 옥탑방에서는
검은 저녁 바람이 불어온다

낙엽의 마지막 신음소리가
핏기 죽은 갈색으로 흔들리면서
거미줄 친 추억에 구멍이 나고
혼란의 분열이 쏟아져 나오면서
한 조각 흰 영혼을 자아진단 해본다
이미 까치가 물고 간
창백한 모니터에 박동하는 열량은
창백한 청진기 소리에 뚜우~하고
끊어진다
슬픈 눈빛마저 감는다

어떻게 살까?

어떻게 살까?

산다는 것
가지고 싶어 사는가?

살아 가봐
살다가 나이 차면

가진 것이 많을수록
얼마나 숨이 차오르는지

갈 때까지
가진 것 나눠 봐
가벼워 하늘로 갈 거야

무거우면
가라앉아
땅에서 죽는다고 난리야

어떻게 살까?

변하지 않으면 어떻게 살래

하늘과 땅 사이
변하지 않으면 어떻게 살래
이파리 없는 앙상한 가질 보며
마른 먼지 이는 길 위에 누운 겨울도
봄을 잊지 않고 살고 있어
가슴에 피멍 들어 있어도
한 줌의 햇살 스며들어
나를 뛰게 하며
변하고 있지 않니

아무리 높다 해도
낮은 것 사이에
서로 기울이며 살자
아무리 어렵다고 해도
쉬운 것 사이에
서로 어울리며 살자
그 사이 들어가
서로의 이름 불러 주고
잊지 말자 마주하며
하늘과 땅 사이
변하지 않으면 어떻게 살래

12월 24일 마구간에서

햇볕이 들지 않는 허름한 곳에
별빛 하나 서지 않고 흘러간다
동방 박사도 오지 않고
기쁘다고 구주도 오시지 않는다
캐롤도 들리지 않고
콘크리트 엄청난 城 속에
초라한 18평짜리 마구간 구유에
가만히 누워 미소만 짓고
무어라고 중얼거린다
징글벨도 아니고
거룩한 밤 고요한 밤도 아니다
오래전 감춰둔 별빛 하나
가슴에 피어나고
아름답게 빛난다고
좋아라하면서 잠들어 가는
마구간이 있어
구세주는 있는가 보다.

3부 POEM

새로이 엮어낸 뗏목

세상아 세상아
저 높은 억새 숲으로 가자
가을아 가을아
산능선 맞닿은 억새 숲으로 가자
세상을 보며 금빛 물결 휘감고
가을 하늘 아픔에 무너질 때
흰 눈 뿌리며 내려오자

가을의 미련 중에서...

바위

가슴이 없다고 하지 마라
걷지 못한다고 욕하지 마라
굴러 왔다고 비웃는 거야
하늘에서 널 보기 위해
바다에서 웅크리고 얼마나
기다리며 살아왔는지 아느냐
저 높은 산 부둥켜안고
세월에 씻겨 가지 않으려고
이렇게 너 그리운 단단한 가슴으로
오늘도 꿈쩍 하지 않고 내 가슴이
너 되어 있노라

겨울 남자

얼마나 울면서
여물어 갔는지 아느냐

그리워 그리워
대지 뚫고 널 보기 위해
태우고 태우며
검게 그을린 아픔이었지만
널 위해 너에게로 왔다

익고 익어
이제 터질 것 같은
가슴으로 왔다
차다고 하지마라
그리움이 하늘을 뚫었다
아픔은 재가 되어
널 위한 뜨거운 가슴으로
너에게로 왔다

널 위해 얼마나 얼었는지
안아 보아라

가을의 미련

바다야 바다야
갈대숲으로 가자
강아 강아
우리 저 갈대숲으로 가자
은빛 물결 출렁거리는 바람 타고
가을 하늘에 우리를 매달아 올리자

세상아 세상아
저 높은 억새 숲으로 가자
가을아 가을아
산능선 맞닿은 억새 숲으로 가자
세상을 보며 금빛 물결 휘감고
가을 하늘 아픔에 무너질 때
흰 눈 뿌리며 내려오자

가을 아픔

다 벗어 버리는 이여!

그렇게 가면 어떡하니
떨어진 널 보니
슬퍼할 수 없어
마른 가지 저토록
가슴 에인 줄 난 몰라

다 벗을수록
이렇게 더 입고
또렷이 내 곁에
머물러 있는데

다 벗어 버린 이여!

그리 간다면
언젠가 다 벗고
다 입혀 줄 때까지
기다려나 주지 않겠니

별

비밀도 없어요
감출 것도 없어요
아무것도 없어요

이 가슴에
너무나 없어
보여줄 게 없어요

아무것도 없는
그곳에
빛으로 누워

하얗게 부서지며
홀로 어둔 공간 벗기며
사랑으로 빛났을 뿐

아무것도 없어요
보여줄 게 없어
그냥 당신 보고 있어요

가을 속살

산이 그리워
바다가 보고 싶어
높고 푸른 하늘 두었지

대지 일으킨 이 몸
짙은 녹음 걸치며
붉은 햇살 마셨지

오늘 붉고 뜨거운 몸
하늘까지 거부할 수 없도록
유혹하며 다가섰지

깊어 가는 가을 속살
파란 하늘 어쩔 수 없어
붉게 물든 몸 되어 버렸지

가을에게 쓰는 편지

잘 있는지
내가 다 떨어지고 벗어보니
그대 더욱 잘 보여 몇 자 적어 보내네.
내 모습 그대의 사랑으로
뜨거운 성찰 속으로 녹아들었지
건조하고 남루한 내 소유에
길들어진 인색한 사랑이 보여
자네 가기 전에 용서 구한다네.

뜨거운 열정이 사랑인 줄 알고
사랑한다고 했던 그 고백들은
또 다른 욕망이고 결핍의 다른 이름 이었지
자네 가기 전에 이해하여 주길 바라네.

사랑은 내 마음대로 되지 않는다는
상처를 입고서 전체가 아니라
부분이라는 사실을 겸손하게 보면서
이제 적극적으로 살아가기로
자네 가기 전에 약속하고 싶다네.

사랑은 말이야
한 사람 앞에 나를 더 많이 내려놓고
타인 속에 죽어야 하는 깊은 의미를

오늘 몸속에 내가 꿈틀거리며
자네에게 가겠네.

사랑이 산다면
치러내고 받아내고 키워내면서
에고에 깊은 상처를 입히며
물처럼 흐르게 하는 거지
그럼, 오늘 이만 쓰고
자네에게 흘러 가겠네

바다의 생명

수많은 하천과 강
어디에도 보이지 않고
말없이 품고 있다

하천을 끼고 돌던 마을 모습
강이 흐르면 보았던 풍경
스미어 사라져 버린다

수많은 이름
스스로 버리고
하나로 모인다

오늘도
은빛 물결 위
푸른 생명으로 넘실거리며

열정의 삶 살라고
지친 모습 없이
항상, 붉은 기둥 하나 떠올린다.

이 봄날에

이 봄날에
그대 이름 부르고 싶다

이름 없는 들꽃에게
이름 하나 들려주고

뭇 풀들에게
이름 하나 가르치고

당찬 모습, 아름다운 모습 그려 놓고
내 사랑이라 보여주며

큰 소리로
이름 부르고 싶다

내 가슴에 새로 돋는 사랑의 이름
아름다운 그대 가슴에 달아 드리고

큰 소리로 사랑한다고
그대 이름 부르고 싶다

이 봄날에
천지(天地)를 일어나게 하는
찬란한 그대 이름 부르고 싶다.

산

수없이 퍼붓고
끝없이 쌓여도
다 받아내며
누구에게 말하지 않습니다

그렇게 파헤쳐도
무너뜨려도
다 주면서
누구에게 말하지 않습니다

몰라서 그런 것이 아닙니다
수 천 년 동안 살아오면서
이미 보고, 듣고, 알았기에

수많은 생명을 품고서도
그대에게 사랑이라고
누구에게 말하지 않습니다

바다

비가와도 젖지 않습니다
눈이 와도 쌓이지 않습니다

거센 바람 불어도
찰랑이지 흔들리지 않습니다

모든 것 다 흘러들어도
넘쳐나지 않습니다

아무도 모르게 변하지 않게
깊어만 가는 사랑이 있습니다

돌이 꽃으로 피기까지

움직일 수 없었다
어둡고 깊은 가슴 부서지기까지
누구도 내 가슴을
가슴이라고 말하지 않았다
얼마나 기다려야 했는지 모른다
수많은 시간을 밟고
꽃이 되어야만 한다는 기도를
얼마나 하였는지 모른다
갈라지고 부서지고 흘러서
여기, 알갱이 가루 되어
꽃씨 안고 쓰러질 때, 그 누가
얼마나 많은 하늘을 울렸는지
얼마나 많은 하늘을 잊어야 했는지 모른다
그렇게 피어 그대가 되었네

땅

비가와도 좋습니다
바람 불어 좋습니다

낙엽 져도 좋습니다
눈이 와도 좋습니다

그대로 있으면서
그대로 보며 받기에

그대 보며
사랑만 받습니다

얼음

문이 없다고 하지 마라
굳어 있다고 보지 마라
녹아내리는 것이
그대 그리워하는
내 가슴인 줄 모르느냐
그대 위해 이 몸
태양 하나 숨겨놓고
기다려왔던
사실 몰랐느냐
갈증 나고 있어
없어진다 하여도

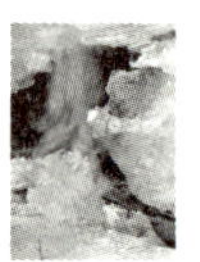

하늘

비가 오지 않습니다
바람 불지 않습니다

낙엽 지지 않습니다
눈 내리지 않습니다

변하지 않는
그대 사랑만 있습니다

4부 POEM

모순으로 이루는 평등

뚝뚝 천장에서 떨어진
물방울 찍어 빨고

촉수의 흐느낌에 배불러
더럽게 배설하고 있었다

소문으로 번져가
눈덩이처럼 커져 버린 곳

흉가 중에서...

드라큘라의 정사

감정이 경악할 정도로
이성의 목덜미를
생각 못할 한계점에서 물어뜯고

기소할 수 없는
완벽한 사건을 저지르고
기억이 상실할 때쯤

피를 마셔야 사는
조잡한 동물의
몸짓임을 안다.

역사는 이성의 백지 위에
고상한 동물들이 피 뿌리는
감성의 그림들을 보며

개념이라는 공간에 초대하여
思考의 피를 빨아 먹는
추상물의 피사체들

서로 태어나기 위해
감성과 이성
모든 것

하나의 사랑을 위해

뜨겁게 달구어진 몸으로
쏟아지는 그리움에
사랑으로 태우며
절정 속에 자신을 버린 후

사이와 경계를
느낄 수 없는
그 속에 나누어 받고
피가 그리워
같이 태어나는 것

내 손은 우주 별 밭이다

내 손에는
부모님 구멍가게에서
사가지고 온 컴퍼스가 있었다.
늘 황금 컴퍼스 벌리면서
오늘을 둥글게 그렸지만
세계는 아직 피조물의
경계를 긋지 못했다.

한쪽 다리는 항상 내 중심에 꽂고
다른 쪽 다리를 열심히 돌렸지만
길이와 깊이, 넓이는
하나의 常數만 가지고
끊임없이 수축하고 팽창하면서
경계가 여기라고 둘레가 저것이라고
말할 수 없었다.

내 손에 황금 컴퍼스는
회백색의 물컹한 우주 별들을 그리며
두개골 속에서 아름답게 빛나면서
몸 하나 가지고 빙글빙글 돌다가
손으로 익히며 산다.

내 손은 우주 별 밭이다.

흉가

다 깨져 나간 유리창 사이
의식이 끼었다

수북이 쌓인 그리움
허름한 구석에 떨면서

뚝뚝 천장에서 떨어진
물방울 찍어 빨고

촉수의 흐느낌에 배불러
더럽게 배설하고 있었다

소문으로 번져가
눈덩이처럼 커져 버린 곳

서럽게 목 뒤에 선
찬바람 불고 있다.

왜! 믿지 않는가?

내 첫 발자국 없으면
우주가 열리지 않지
내가 걷지 않으면
안 되는 이유지

흔들거리는 내 손가락
우주의 분극이 맺혀 있어
움직이지 않으면
별들은 빛나지 않지

왜! 믿지 않는 것이지

백만 년에 한 번씩
이 땅에 올라오는
거북 등이 갈라져
사막이 바다 되었지

명왕성에 고독한 이슬
하루 볕에 말라 비틀어져
태양이 배설하는 불똥으로 튀어
여기 와서 내 몸 만들어졌는데

왜! 믿지 않는 것이야!

피노키오 코로 페로몬에 중독된 채
새끼 낳아 내 새끼라고 해도
어느 누가 믿지 않더라.
그래도 내 새끼는 믿더라

내 머리에
우주가 팽창하고
세상이 너라고 하기에
너무 작다고 하여도

왜! 믿지 않는가?

나만 믿어서 그런가?
그래도 믿음은 하나라는데
왜! 믿지 않는가?

나는 밤마다 죽어야 한다

나는 밤마다 죽어야 한다

시작에서 지금까지
눈 밖으로 보고 생각했던
살아있는 그 흔적들
밤마다 죽여야 한다

밤마다 죽어야 한다

죽이지 못하면
늘 따라와
짐승 가진 이빨로
나를 뜯고
죽이려 한다

그렇지 않으면
죽인다는 시간 가진
불안 두께에 밟혀
죽을 수밖에 없다

나는 밤마다 죽어야 산다

지독한 외로움

견딜 수 없는 나
죽일 수밖에 없다
밤마다 나를 죽이고
내일로 간다

나는 밤마다 죽어야 산다

사랑을 아는 날

내 하늘이 없다
내 땅도 없다

소리 없이 다가오신
당신 가슴 열어보니

하늘이 있다
땅도 있다

그 날이다

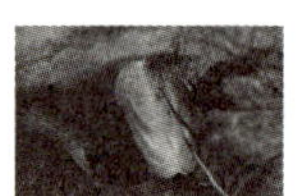

동(動)

멀리 어둠과 별을
걷어가는 그대 빛살이여!

몇 시간째 움직임 없는
정물의 나!

바람이 허공을 조금씩 흔들 때
빛이 약간씩 어둠 먹어갈 때
미세한 생명으로 날 깨우는구려

고요하게 멈춰진 난
빛 받고 영혼 문, 이제 서야
그대 함께 열고 닫는구려

생명 보이고
느낌 스치면서
나를 곧게 세우는구려

티끌 없이 소리 없이
느낌 없는 모습으로 그대는
생명으로 살아가게 하는구려

삶

내 모습
손바닥 둘로
내 얼굴
가린다

당신 모습
하늘만 하니
당신 얼굴 보며
하늘 아래 산다.

허공의 사랑

무엇이든 보여 주기에 기다림을 안다
처음에는 아무것도 모른다
넣어 보기도 하고 맞추어 흔들기도 하며
빼고 끼우고 잡다 보면
기울어져 떨어지기도 한다
다시 집어 돌리기도 하며
일어나 걷다가 자라고
웃기도 하고 울기도 하면서
다시 너를 보며 산다
너 안에 어느 누가 있는 날
나를 지우며 너를 기다릴 줄 안다
너를 그리워하다 내 가슴에 누가 있으면
만나 말없이 이야기 들어 주면서
평생 동안 너를 기다리며
처음 같이 변함없이
너를 사랑할 수 있다

원기둥 세워 구멍에 박고 산다

뾰족한 성질 세모난 불안
네모난 표정으로 각 지어 버린 모습은
흐르는 시간과 삶의 아픔에 찔려
원만한 기둥으로 서기까지 얼마나 많은
상처를 사랑했는지 모른다
저 대지를 향해 피어오르는 모든 것들
원기둥 하나 대지에 박고
흔들거리고 찢기면서
가는 뿌리 대지 향해 더 깊게 구멍 내며
하늘 향해 자라면서 뿌리는 뽑히지 않았다
붉은 해 기다리며 둥근 달 그리워
하루라는 궤적에 중심이고 싶어
원기둥 하나 세우고 깊고 깊게
박고 있는지 모른다
아직도 모난 모습
깊게 뿌리 내린 원기둥 만들어
지구별에 굴러다니다가
흔들거리며 다치고 쓰러질 때
더 깊게 뿌리박으며 너의 중심이고 싶다
언젠가 모두 흙 구멍 파고
몸이라는 기둥을 눕히고
둥글게 덮혀 있다가
어느 날, 저 아래 구멍이 열리면
다시 그 속에 들어갔다 나와서
너의 구멍에 원기둥 세우고
하나뿐인 중심이 되어 영원히 박고 살리라

모순이라는 평등

어머니 몸에서 태어나 누워서 찌찌 쭈쭈 빨고
가슴에 묻혀 심장 소리 들으며 보송보송한 살점에
견고한 뼈대 세우기 위해 뒤집기도 하였다
고개 쳐들고 기어가다 무언가 붙잡고 일어서다가
한발 딛고 쓰러지고 두발 딛고 쓰러지며
엉덩방아 찧기를 수없이 하면서 홀로 천천히 걷다가
세상 대지 위에 나를 세우기 시작했다

언제부터인가 손과 손을 잡고 걸어가다
홀로 서서 여기까지 왔지만
어느 날은 쓰러졌고 일어서면 뒤집혔다
고개 들고 기어가다 무언가 붙잡고서
여러 번 일어서서 가야만 했다
힘들 때 그대에게 쭈쭈하고 사랑 빨며
가슴 속 그대 그리며 대들보 하나 세우고
뒤집히면 붙잡고 힘들면 기대서서 일어나
다시 세상을 보듬어 가며 산다

밤이 오면 낮이 오고
나쁜 것이 없다면 좋은 것도 없고
없으면 있어지고 힘들면 쉬워지는
모순의 균형 틀, 세상을 보면서
평등한 저울 하나 가슴과 가슴사이 두고
인간이라는 모순의 진실을 사랑하며
모르는 진실 하나 배우려고
모순의 틈 사이에 지금 머물러
그대 위해 사랑하며 산다

하늘을 보며 세상을 보며

꽃이 떨어진다고
뿌리가 당장 사라졌다고
할 수 없지 않느냐
이별이 나에게 있다고 아프다면
마음이 없다고 슬퍼할 수 없겠지
저 하늘 별들이 아름다운 것은
밤이 와서 서로 다르게 빛나고 있기 때문이야
땅에 사는 모든 것이 땅을 딛고 서로
하늘이 아름답다고 말하지 않았느냐
열심히 살다보면 진실이 자라서
세상을 아름답게 만드는 것이지
잘못은 잘못한대로
잘함은 잘 한대로
진실은 그렇게 아름답게 살도록 하지
세상이 아름다운 것도 서로
다른 진실이 많다는 것일 거야
나 같은 인간에서 부터 이름 없는 뭇 풀 하나까지
땅을 기며 땅을 걸으며 뛰면서
서로가 세상을 그리면서
하늘을 만드는 것일 거야
오늘 떨어지는 저 꽃이 사라진다고 해도
아름다운 진실이 있었기에
아름답지 않겠니
하늘을 보며
세상을 보며

大數學의 고뇌를 알고나서

피고 지고 앉고 서고
높고 낮고 얕고 깊은 것을
너라고 누가 계산할 수 있겠니
완전하다는 원의 3.141592......지름 뒤에 숨어
무한대를 꿈꾸는 너를 알기까지
죽음이 끝인 줄 알고 얼마나 허무했는지

이제 너의 끝없는 나머지를 안고 희망을 보며
찰나와 억겁이 비로소 종이 한 장 차이라는 것도
들여다 볼 수 없는 허공 같은 것이었지
불확실하여 변할 수밖에 없는 이 끊임없는 사실은
언젠가 너와 내가 머물 믿음뿐이겠지

너의 나머지 속에 기다림으로 내가 머물
또 다른 생명의 원을 찾아서
돌고 돌아올 끊임없는 흔들림으로
함께 할 수 있다면
나 이제는 너를 계산하지는 않겠다

무레타

오랫동안 내 가슴 적셔 온 붉은 피가
왜! 그대에게 달려가야 했느냐
전쟁과 권력의 깃발로 대지를 밟고
왜! 그대 향해 쓰러져야 했느냐
저 고고한 혁명과 이념의 깃발로
얼마나 많은 생명들이 그대 향해 미쳐 있었느냐

내 속에 흐르는 피가 그대를 닮아
예리한 검을 든 마타도르는
우리들 머리와 등에 검을 꽂고
숱한 생명을 얼마나 거두어 갔었느냐

같은 피를 나눠가진 우리들
원형의 지구 경기장에 모여
마타도르에게 검을 쥐게 하고
우리는 그대 향해 미친 듯이 달려들게 하면서
열광과 함성 속에 무모한 피를 흩뿌리고
그대 펄럭이며 우리 피를 군중 속에 팔아먹었도다

오늘도 마타도르 손에서 펄럭이고 있는
그대 향해, 텅 빈 허공 향해
우리는 붉은 피 머금은 채 쓰러져 가야 하는가

검을 잡은 채로 그대를 끌어안을 수 없고
검을 잡지 않으면 그대를 지킬 수가 없는
마타도르여!
이제 그 화려한 의상을 벗고 검을 버려라
네 가슴에 그대를 접어 품을 수는 없느냐

생명의 피가 흐르는 우리
허공에 펄럭이는 저~ 무레타에게
더 이상 미쳐 날 뛰지 않도록
마타도르여!
이제, 우리를 내버려 다오
그리고 이름을 불러다오

'이 세상 하나뿐인 끝없는 자유'라고......

『무 레 타 : 마타도르가 들고 있는 새빨간 천』
『마타도르 : 투우사의 명칭어』

머문 바람 하나 가지고 산다

너는 내게로 오기까지
바람이라고 할 수 없다
너는 내게서 가기까지
바람이 불었다고도 할 수 없다
나에게 와서 갈 때
바람이 지나갔다고 말할 수 있다
너는 내가 있어야지
바람이 불었다고 할 수 있지 않겠니?
어느 날부터
오지도 가지도 않는 바람이 분다
다가오면 만나서 뜨겁게 불고
지나가면 떨어져서 그리워 분다
기다리고 기다리면
세차게 더 세차게 불어, 날아가서
텅 빈 고요 속에 뜨겁게 머물다가
그리운 바람을 일으킨다
언제부터 내 안에 늘 바람이 분다

몸살

몸에 살이
하나 붙었습니다

천근만근 무거워옵니다
뼈 마디마디 쑤셔옵니다
머리가 터져 나갈 것 같습니다
움직일 힘조차 없습니다

이렇게 당신은
와서 갔습니다

내 몸에 살이
하나 붙었습니다

사랑입니다
생명입니다

파피루스나(양피지)

1
아주 먼 옛날 오래오래 살기 위해 너를
선택하게 되었는지 모른다
해뜨기 전 너에게 내 영을 맡기며
둘만 아는 그림이나 기호 긁적이며
웃기도, 울기도 했었다
오늘 여기 있기까지 얼마나 많은 내가
뒤섞여 있었는지 아직도 나를 모른다
내 가슴 물이 흐르고 바람 불면서
풀잎 나고 꽃이 피고 지고 열매 매달리고
새가 되어 날아오르기도 하고 뱀처럼 기어 다니고
굶주린 늑대처럼 침 흘리며 나는 너에게 얼마나 많은
무서운 맹수의 핏자국을 닦았는지 모른다

2
어떤 곳에서는 커지기도 하고
다른 곳에서는 줄어들기도 하면서
썼다가 지우고, 다시 쓰고 긁다가
다시 긁어내며 두터워진 너는
지금껏 나에게 뜨거운 심장을
얼마나 불어 넣었는지 모른다
내가 나를 조금씩 보는 날
정착과 기다림을 알게 되고
침략자가 되어 남의 피를 빨기도 하고

때로는 버려지는 나그네로 있으면서
내 삶의 두께를 기억하고 있는 너를
아직 나는 모른다

3
어떤 날 검은색 표정으로
어떤 날에 백색의 표정으로
어떤 날에는 황색 표정으로 지우고 쓰고 지우고
작든지 크든지 인간이라 부르면서
다시 긁어 썼다가 지우면서
오늘은 과거를 통해 나를 보게 하고
내일은 꿈을 통해 미래를 밝히려는 너는
내 손과 발이 부서지도록 써주길 기다리고 있다.

4
나는 오늘 둥근 지구별에 앉아
이 대지 향해 걸어가며 시간과 공간 가로질러
종횡으로 얽혀 긁어내고 새기면서
너에게 오늘 달라붙은 나는, 대뇌 피질의 작은 거미로
하나씩, 하나씩 가는 줄을 벗겨내며 뽑아내고
너를 위해 다시 썼다가 지우며 내일을 살아가고 있다.

『파피루스나 : 양가죽 종이라고 보면된다.
기록할 때는 다시 썼다가 지우고 반복해서 메모한 가죽 종이다.
종이가 나오기 전 많이 사용함.』

죽지 않으리

흙으로 빚어진 이 몸속에
얼마나 많은 생명들이
살아서 날아올랐는가?

하늘이 그리워 빛으로
물이 그리워 바다로
몸이 그리워 뭍으로
풀잎으로 왔다가
하늘을 날으는 새로
돌아 왔다가 다시 걸어서
여기까지……

수 없이 왔다 갔다 하며
내 속에 스민 너야 말로
얼마나 귀한 존재였는가?

내 위로 흔들리는 모든 것
내 아래 흔들리는 모든 것
의식에 맺혀 기억된 모든 것들

모두들 돌아가고
돌아오리라

해탈이 부서지는 밤에

모습으로 있는 곳은
늘 시간이 머물러 시들고 마는 게지

하도 많이 써서
낡아버린 볼트처럼 돌지 않으려고
삐걱삐걱 소리도 나는 게지

보고 싶어 그리움 사뭇 치는 밤
도려내는 듯, 마음의 통증이
늑골 두 개가 부서지도록 하고

허리가 끊어질 만큼
고통의 육신을 주면서
죽음의 두려움을 극도로 자극하는 게야

종교라는 것이 영원한 생명에 앉혀 놓고
죽음이라는 허상을 눈앞에 세워 놓아 길래
그 날 밤 죽으라고 깨고, 부수고, 가루를 만들어

그리고 나의 피를 타서
겨우 죽음을 마셔 버린 게지

호미노이드

일어서기까지 얼마나 많은
그리운 눈물을 흘렸는지 알 수 없다
하늘을 등에 지고 땅을 거울삼아
주워 먹었고 올라가 따 먹으며
하늘을 보기 위해 구부러진 등이
바로 서기까지 얼마나 많이
그대를 보고 싶어 했는지 모른다

먼 별 그리움을 땅에 심고
수많은 밤낮을 버리고 죽으면서
얼마나 많이 일어서 있었는지
누구에게도 대답할 수 없었다

대지 위에 몸을 팔아
더 가까이 더 먼 별을 가져오기까지
털이 벗겨지고 꼬리가 닳아 없어지기까지
얼마나 많은 피를 바다로 흘려보냈는지
누구에게 물어 볼 시간도 없었다

일어서면 주저앉고
또 일어서면 대지에 파묻히며
하늘을 데려 와 이 땅에 세우려고
얼마나 많은 하늘을 그리워하며
아직도 그대를 사랑하며
얼마나 일어서 가야 하는지 나는 모른다

『호미노이드: 원숭이 과에 속해 직립보행을 한유인원 모든 통칭어라고 할 수 있다』

아이겐벨트(Eigenwelt)

의미의 모든 것을 비워야 한다고 한다
음식도 육신의 보살핌도 물질의 관심도 죄다
점점 나무처럼 딱딱해 지면서
벽처럼 점점 두꺼워지는 의식이 죽음이라고 한다
굴뚝에서 나는 연기보다 더 검은 물이 흐르고
불 보다 뜨겁게 부글거리며 이성을 절단 시킨다
세상은 더 달라붙어 미끄러워 넘어지고
제대로 서지 못하면서 날고 싶은 욕망이 자신을
기어코 마비시키며 진흙투성이의 대지에 갇혀
사라져 가는 몸을 모순이라고 한다
순간순간 즐거움이 매몰 당하는 불안사이 공간에
스스로 소멸해 버린 것을 보면서 원래 아무것도 아닌
영원성에 대한 갈망의 산물이 영혼이라고 한다
시간에서 벗어나는 자유로움은 망각에 대한
치열한 거부이고 방어라고 하면서 오랜 옛날
수 만 년 동안 썩지 않는 조개껍질과 목걸이
동물 이빨 장신구 같은 것에 공존시키면서
죽음이라는 현실 앞에 스스로 자기를 버리고서
스스로 자기 기만의 영혼으로 다독거리고 위로한 뒤
끊임없이 그 존재를 믿고 싶어 하는
시간 없는 집시로 불멸의 나그네라고 산다

『아이겐벨트: 영원하다는 환상』

사람아 사람아 너는 세상이 아니잖아

사람아 사람아
너는 세상이 아니잖아
세상 속에 들어가 아프다고 하지 마
세상으로 만든 곳에 쓰러져 살지 마

사람아 사람아
너는 하늘도 날 수 있고
바다도 건너갈 수 있잖아
너는 하나뿐인 너이고
나는 하나뿐인 나잖아

사람아 사람아
너 생각 하나로 세상이 바뀌고
너 생각 하나로 아름다워 있잖아
세상으로 아파하고
사람으로 미워하면
너는 사람이 아니잖아

사람아 사람아
너는 세상이 아니잖아
죽어도 사랑할
아름다운 세상을 키울
사람이 아니니
사람아 사람아
너는 세상이 아니잖아

神 보다 아름다운 사랑

神이 우리를
질투하는 것은
죽어도 사랑한다는 것이야

죽는다는 것은
神이 싫어할 만큼
아름답다는 사실이지

지금 이 순간
그대가
가장 아름다운 것도

이 순간
다시 오지 않아도
죽어도 사랑하기 때문이야

이름 없는 꽃으로

영혼이 하늘 되고 싶은 날
그리운 내 정원에
당신을 초대하여
꽃이 되고 싶었지

보고 싶은 사랑이
가슴에 피어 날 때

태양 누운 그 자리에
쓰러지지 않았고

폭우 내린 그 자리에
부러지지 않았지

매서운 바람 뚫고
그대로
눈 덮인 아래
피어 있었지

이름 없어도

정신 분열증

요구하지도 못하면서
흐트러지는 꼴
갈등의 골은
시간과 공간을 파괴하고 있다

자신을 잃어버려
끝없이 쪼개지는 혼란을 보며
순간에 갇혀 타인에게 다가서지 못하고
추억도 꿈도 보지 못한다

토막 나버린 의식으로
던지는 질문에도 메아리처럼 되고
시작하게 되면 저지될 때까지
끝없이 반복하고 있다

아무에게도 말을 걸지 못한 채
근거 없는 독백을 연신 중얼거리며
가끔 강렬한 감정이 튀어나와
심한 몸살을 앓는다

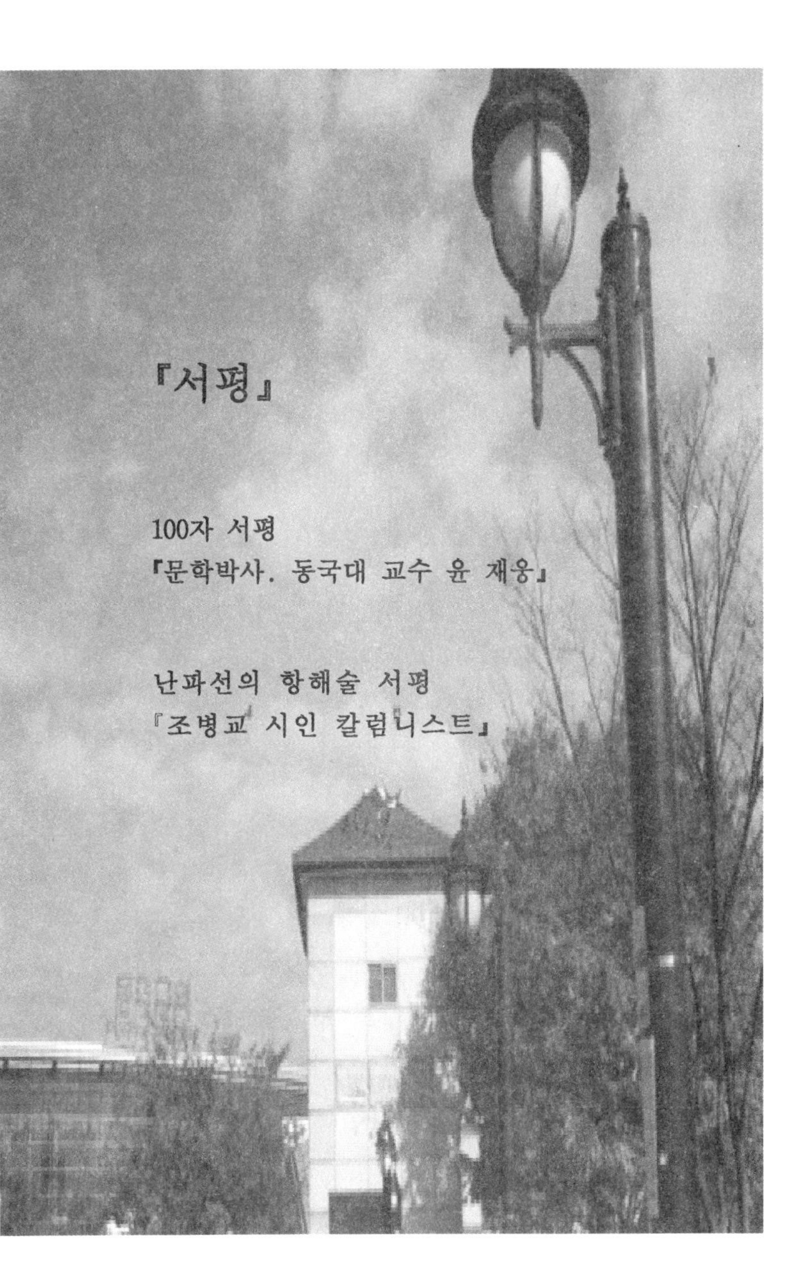

『서평』

100자 서평

『문학박사. 동국대 교수 윤 재웅』

난파선의 항해술 서평

『조병교 시인 칼럼니스트』

윤정 시집 100자 서평

아름다운 역설. 위대한 역설. 윤정의 시편들에서 발견할 수 있는 별빛들. 넓고 큰 밤하늘, 그러나 흐린 밤하늘, 그곳에서 아주 간신히 발견한 나머지 자기도 모르게 짧은 탄성을 내지르게 되는 그런 별빛들. 별빛들이 지상에 부슬부슬 내려와 시가 되었다. 가령 이런 별빛의 시들. <내 몸에 살이 / 하나 붙었습니다 // 사랑입니다 / 생명입니다>(「몸살」) 몸살 나서 뼈마디가 쑤시는 고통을 사랑과 생명으로 바라보고 있는 시인의 눈. 이 역설의 힘! 혹은 릴케의 편지를 생각나게 하는 순간. <이보게 친구, 나는 내 몸에서 악마가 날아가 버리는 것을 원하지 않네. 만약 내 안의 악마가 날아간다면 함께 있던 천사마저 날아가 버릴까봐 나는 그게 두렵다네.> 선과 악이, 미와 추가, 죽음과 삶이 공존한다는 눈부신 직관. 이런 직관 앞에 마주서면 우리들의 눈빛은 저 밤하늘의 별빛을 닮게 되고, 스스로 반짝여서 모든 사물들에게 빛을 나누어줄 수 있게도 된다. <저 가득 찬 빈 그곳 / 상실의 아름다운 중독자>(「문신 紋身」)라든지, <이 세상, 더럽지 않다면 아름답지 못하다>(「파괴자」)라든지, 이런 언어의 빛살들은 너무도 오래 살게 될 것이다. 모든 별들에게 다가가 되비치게 되니 그 삶의 시간을 헤아린다는 게 불가능하다.

윤 재웅(문학박사. 동국대 교수)

난파선의 항해술

조병교 (시인 칼럼니스트)

1 '윤정' 시학의 시원(始原)

저급한 잡문을 가지고도 경전에 올랐으니, 생각 속에 사특함만 없다면 시를 쓸 수 있던 '공자 '시대의 시인들은 뱃속이 얼마나 편했을까?
마늘이나 생강처럼 눈에서 물기를 뽑아주면 그만이던 '소포클레스' 나 율격을 맞추는 잔재주만으로도 시가 되었던 '아리스토텔레스' 시대는 또한, 시 쓰기가 얼마나 용이했을 것인가?
'김기림' 의 말처럼 퉁겨야 할 줄이 여럿으로 늘어나 버린 풍금으로 감동을 남겨야 하는 현대의 창작가 모두, 풍랑 이전의 그 평온했던 시절을 부러워하며 군침이라도 흘려 볼 만한 일이다.
두 번째 시집을 내는 윤정의 시편에서는, 처녀집에 비해 '수가 늘어난 풍금의 줄' 을 퉁기며 관념으로부터 탈출을 시도한, '시인의 돌파력' 이 돋보인다.
'이데아 공화국' 에서 시인을 추방하고 싶었던 스승에 비해, 비교적 관대했던 반항아 '아리스토텔레스' 의 시학을 동강낸 경건주의(pietism)에 대한 회의도 크게 한 몫 했으리라.
최근 한국사회가 겪은 주·객관적 내·외적 '대풍랑' 이후, 난파선에 다시올라 위태로운 항해술을 펼쳐야 하는 윤

정의 결단은 여기에서 기인한다.
사람들은, 현실에 대한 극도의 불만이나 염증의 탈피구를 모색할 때 우선 과거를 돌아보는 버릇이 있다.
그래서인지 아래는 '회고의 흔적'이 보이는 예시이다.

너는 내게로 오기까지
바람이라고 할 수 없다
너는 내게서 가기까지
바람이 불었다고도 할 수 없다
나에게 와서 갈 때
바람이 지나갔다고 말할 수 있다
너는 내가 있어야지
바람이 불었다고 할 수 있지 않겠니?
어느 날부터
오지도 가지도 않는 바람이 분다
다가오면 만나서 뜨겁게 불고
지나가면 떨어져서 그리워 분다
기다리고 기다리면
세차게 더 세차게 불어, 날아가서
텅 빈 고요 속에 뜨겁게 머물다가
그리운 바람을 일으킨다
언제부터 내 안에 늘 바람이 분다

-'머문 바람 하나 가지고 산다' 전문

중세신앙관의 철저한 신봉자였던 그가, 모진 풍랑후의 생존에서 한번쯤 쥐어 본 파선(破船)의 정체가 과거의 '스토아적 역설' 임을 알게 하는 대표적 인용시이다.

'오지도 가지도 않는 바람이 더욱 세차고 뜨겁다'는 대목은 마치 '제논'과 흡사하다.

'내가 다 떨어지고 벗어보니/그대 더욱 잘 보여 몇 자 적어보내네/내 모습 그대의 사랑으로/뜨거운 성찰 속으로 녹아들었지/건조하고 남루한 내 소유에/길들어진 인색한 사랑이 보여//사랑은 말이야/한 사람 앞에 나를 더 많이 내려놓고/타인 속에 죽어야 하는 깊은 의미를/오늘 몸속에 내가 꿈틀거리며/ 자네에게 가겠네.' (-'가을에 쓰는 편지' 일부)는 더더욱 확실한 증거이다.

다음 시편에서는 교부학의 냄새가 얼핏 느껴지기도 한다.

수많은 하천과 강
어디에도 보이지 않고
말없이 품고 있다

하천을 끼고 돌던 마을 모습
강이 흐르면 보았던 풍경
스미어 사라져 버린다

수많은 이름
스스로 버리고
하나로 모인다

오늘도
은빛 물결 위

푸른 생명으로 넘실거리며
열정의 삶 살라고
지친 모습 없이
항상, 붉은 기둥 하나 떠올린다.

-'바다의 생명' 전문

누구든지 표류의 과정에서는, 파국으로 달려온 항로의 시·공간적 정반대편에 존재하는 추경험에 대한 일시적 호기심이나 막연한 신비에 스스로 만끽하는 수가 있다.

극단의 비관은, 목격된 모순의 반론에 대한 맹목적 신뢰를 불러오기 때문이다.

기존인식의 저편에 공존해 온 추경험을 모색한 후, 난파의 참상을 극복하려 한 시도가 보이는 전형은 아래의 경우이다.

바다야 바다야
갈대 숲으로 가자
강아 강아
우리 저 갈대 숲으로 가자
은빛 물결 출렁거리는 바람 타고
가을 하늘에 우리를 매달아 올리자

세상아 세상아
저 높은 억새 숲으로 가자
가을아 가을아
산능선 맞닿은 억새 숲으로 가자

세상을 보며 금빛 물결 휘감고
가을 하늘 아픔에 무너질 때
흰 눈 뿌리며 내려오자

-'가을의 미련' 전문

육신에서 정제된 영혼의 분신으로 계절의 고통을 치유하자는 주장은 다분히 '노자나 장자'를 닮아있다.

'순환론적 자연관'이 그 근거로 충분하다.

이러다가 과거에 함몰되고 만다면 회고주의자로 낙인찍히는 것이다.

2 풍랑후의 항해사

윤정이 직·간접적으로 체험한 격랑이 가져온 참상은, '상실'이다.

그대여!
난 그대의 중독자
이미 뼈 속에 물들었고
살에 새겨진 그리움 쫓아
그대 향한 영원한 도망자
지는 잎도, 단풍도 없다
세상마저 보이지 않는다
저 가득 찬 빈 그 곳
상실의 아름다운 중독자로

그대! 무엇이든 새겨지길
그리고 그대라고 부르고 싶은
지독한 나

-'문신'　일부

이토록 소중한 존재와의 별리, 혹은 영원하리라 굳건하리라 신뢰했던 진리와 신념이 삽시간에 붕괴된, 누구도 원치 않던 '대풍랑' 이후, '부재 그리고 고독'과 어쩔 수 없이 동반해야 하는 '잔류와 생존'에 대해서는

멀리 어둠과 별을
걷어가는 그대 빛살이여!

몇 시간째 움직임 없는
정물의 나!

바람이 허공을 조금씩 흔들 때
빛이 약간씩 어둠 먹어갈 때
미세한 생명으로 날 깨우는구려

고요하게 멈춰진 난
빛 받고 영혼 문, 이제 서야
그대 함께 열고 닫는구려

생명 보이고
느낌 스치면서

나를 곧게 세우는구려
티끌 없이 소리 없이
느낌 없는 모습으로 그대는
생명으로 살아가게 하는구려

-'동(動)' 전문

라고 그는 노래한다.

'뜨거운 열정이 사랑인 줄 알고/사랑한다고 고백했던 그 고백들은/또 다른 욕망이고 결핍의 다른 이름이었지//사랑이 산다면/치러내고 받아내고 키워내면서/에고에 깊은 상처를 입히며/ 물처럼 흐르게 하는 거지/그럼, 오늘이만 쓰고/자네에게 흘러가겠네' (-'가을에 쓰는 편지' 일부)를 살피면 그로 하여금, 오랫동안 금기의 사슬에 묶어 두었던 '역설(pradox)'의 칼을 뽑아들고 광휘를 번득이며 서슴없이 휘두르게 만든 이유를 알 수 있다.

문이 없다고 하지 마라
굳어 있다고 보지 마라
녹아내리는 것이
그대 그리워하는
내 가슴인 줄 모르느냐
그대 위해 이 몸
태양 하나 숨겨놓고
기다려왔던
사실 몰랐느냐
갈증 나고 있어
없어진다 하여도

-'얼음' 전문

나는 밤마다 죽어야 한다

시작에서 지금까지
눈 밖으로 보고 생각했던
살아있는 그 흔적들
밤마다 죽여야 한다

밤마다 죽어야 한다

죽이지 못하면
늘 따라와
짐승 가진 이빨로
나를 뜯고
죽이려 한다

그렇지 않으면
죽인다는 시간 가진
불안 두께에 밟혀
죽을 수밖에 없다

나는 밤마다 죽어야 산다

지독한 외로움
견딜 수 없는 나
죽일 수밖에 없다
밤마다 나를 죽이고
내일로 간다
나는 밤마다 죽어야 산다

－'나는 밤마다 죽어야 한다' 전문

동서양의 고대관념을 섭렵하다시피 훑어 내린 그의 역설은 이제, 유사성의 궤적을 따라 자연스레 낭만주의로 향하고 있다.

르네상스 이후, 추방된 신의 빈자리를 이성(logos)으로 대체하려 한 '미련한 고전주의자'들에 대한 저항이 곧 낭만주의였다.

'아래로 향한' '미래로 향한' '바이런'의 신선하고 청명한 걸음걸이에 유럽의 귀족계층이 서서히 갈채와 찬사를 거두어들인 이유도 그래서일 것이다.

많은 이들이 낭만주의적 극단의 역설에 대해 '포우'를 시조로 삼아 전후기를 가름하는 버릇이 있는데 기실, '선과 악의 양면동체성'은 바이런에게서 이미 비춰지던 현상이다.

따라서 지구상의 모든 낭만 즉, 인본(人本)은 그 자체가 도덕에 대한 역설이요 반항일 수밖에 없다.

이 세상, 더럽지 않다면 아름답지 못하다
곰팡이 나는 언어의 감옥에 갇혀
知性의 呪文 부르기에......
이미 멍들어 버린 머리의 큰 타박상은
한계의 고통으로 피 맺혀 신음하고 있다

다시 죽고자 스스로 분열을 그리워하며
끝없이 죽으면서 영원의 분석을 그리워한다
심각하게 찢어지는 비극의 수많은 나는
누구를 향한 대화도 아니고

독백을 향한 지독한 파괴자다

한 번도 침묵할 수 없는 나는
스스로 벽을 무너뜨리고 다시 쌓고
심판자가 되기도 하고, 파괴자가 되기도 한다
진리를 사멸하지 않기 위해 나는
보이고 소유할 모든 것에 개념의 이름을 새기며
나를 죽이고, 다시 창조의 파괴자로
심판자를 기다리며 파괴하고 있다

-'파괴자' 전문

술주정을 하던 중에 실수로 아내를 죽게 한 '포우'가 뒤따라 죽음의 강을 건너가며 남긴 작품들 중 '아몬틸라드의 술통'이나 '심장의 고자질'을 읽어보면, 아내를 살해한 주인공이, 범죄의 완벽성을 입증하고 과시하느라 수사관에게 스스로를 고자질하는 '자수' 행위가 보이는데, 그것은 아마도 스스로에게 내리는 '자학'을 '정당한 심판'으로 여긴 때문일 것이다.

이때의 이성적 모순을 타당으로 여기게 만드는 힘은 '죄의식'이다.

스스로 내리는 형벌이기에 인본적(人本的)이다.

또한 독자에게 남기는 교훈은, '쾌락과 공포', '희열과 고통'의 양면동체성이다.

이에 비해 윤정이 외치는 역설의 메시지는 바로, '상실과 존재' 즉 '생과사의 양면동체성'이다.

물론 그의 '자각'의 인식 역시 스스로의 자의식이며, 그래서 중세 타력신앙관으로부터의 탈피를 필수요건으로 하는 '윤정식(式) 휴매니즘'이다.

그러니 포우가 그러했듯 윤정도, '로고스'는 물론 근대적 이성관인 '라티오'와는 절대 양립할 수 없다.

그의 눈에는, 세상의 모든 인간이 도덕의 중량에 압사당하고 있는 것처럼 보이는가 보다.

그래선지 철저히, 윤정은 탈관념 탈이성주의를 닮아간다.

그러나 '상실'은 윤정 혼자만의 고통이 아니기에 그는, 포우처럼 생사의 벽을 스스로 넘지 않으며 넘을 필요도 없다.

몸에 살이
하나 붙었습니다

천근만근 무거워옵니다
뼈 마디마디 쑤셔옵니다
머리가 터져 나갈 것 같습니다
움직일 힘조차 없습니다

이렇게 당신은
와서 갔습니다

내 몸에 살이
하나 붙었습니다

사랑입니다
생명입니다

- '몸살' 전문

죽음이란 바로, 삶의 이면에 공존하고 있으며 세상의 삶은 죽음과 다르지 않을 만큼 충분한 고통이라고 보는 것이다.

따라서 절박해 진 심정으로 그는 인간을 이대로 방치할 수도 없다고 굳게 믿는다.

수없이 퍼붓고
끝없이 쌓여도
다 받아내며
누구에게 말하지 않습니다

그렇게 파헤쳐도
무너뜨려도
다 주면서
누구에게 말하지 않습니다

몰라서 그런 것이 아닙니다
수 천 년 동안 살아오면서
이미 보고, 듣고, 알았기에
수많은 생명을 품고서도
그대에게 사랑이라고
누구에게 말하지 않습니다

-'산' 전문

윤정의 새로운 항해술은 이렇게 박애(博愛)의 연장선에서 탄생하고 있다.

3 새로이 엮어낸 뗏목

'위악주의자 보들레르'는, 위선으로 포장된 천사의 허구가 가증스런 통념에 의해 잘려나가 뒹구는 악마의 틈바구니에 있을 것이라고, 그래서 악마의 무더기에서 버려진 조각을 살피고, 또는 쓸어안고 통한하며 그러한 나머지, '악마'를 사랑하고 찬양하거나 악마의 조각을 주워들어 구멍 난 천사를 꿰맞추고 새로 엮어 매게까지 되었을 것이다.

거개의 역설은 모두, 모순이 발견된 실상의 떨어져 나간 조각들을, 넝마가 된 실상에서 투영되는 이면의 허상(혹은 그림자)에서 모색하려는 공통점이 있었다.

따라서 '정(靜)과 동(動)', '시(時)와 공(空)', '(醜), '생(生)과 사(死)', '진(眞)과 위(僞) '유심(唯心)과 유물(唯物)', '의식(意識)과 초의식(初意識)'은 그들의 애용품으로 종종 쓰여 왔다.

비슷한 시기의 '랭보'도 그랬으며, 변증법에 골몰한 마르크스, 심리학의 거두 '프로이드', '융',이며 또한, 그들에게서 발아한 '초현실주의'도 마찬가지였다.

윤정시인이 '역설의 고리'를 사용해 엮어낸 천연색 뗏목을 조금 더 살펴보자.

'이 세상, 더럽지 않다면 아름답지 못하다'(-'파괴자' 일부)는 미·추의 양면동체성이며, 같은 시편의 '진리를 사멸하지 않기 위해 나는/보이고 소유할 모든 것에 개념의 이름을 새기며/나를 죽이고, 다시 창조의 파괴자로/심판자를 기다리며 파괴하고 있다'는 창조와 파괴 즉 생·사의 양면동체성이다.

바삭 말라버린 얼굴 보이며
침을 삼키며 뼈다귀 던져버린
시궁창 속에 혓바닥을 내밀며
죽지 못한 삶을 괴로워하며 살았다
비 오는 날 말발굽 소리와 천둥소리
빗물에 젖어 깨어진 소주병에 남은 알코올
킁킁거리며 빨다가 삶을 붙들고 통곡도 하였다
두발 달린 시선들이 나를 보고 고개 돌려도
이 가진 육신 하나 어떻게 살았는지
어떤 일에 보상도 기억도 없다
숱하게 고독한 친구들 만나면서
어느 날 갑자기 시체가 되어
쓰레기처럼 실려 가더라도
슬퍼하고 괴로워하지 않겠다
세상에 어느 누가 손가락질하고
오늘도 굶주린 허기에 영혼을 팔더라도
말없이 내어주고 배불린 편안함으로
나를 더 내어주고 싶다
쓰러져 가는 이 목숨 호흡 한번 하
내 눈물 어둠에 바치고
내일의 태양 보지 않겠다고 짖고 있다.면서
세상에 남아 있는 것이 무엇인지 몰라도
그게 나의 운명으로 보며

-'개새끼' 일부

시인의 역설은 서서히 이념과 현실의 벽을 헐어 세상을 새로이

조망하기에 이르는데, 그에게 보이는, 주체와 대상을 한데 아우른 세계관 속의 인간은 '고립된 자아의 군상' 이다.

윤정의 장시 '실종의 오류' 를 비롯하여

뾰족한 성질 세모난 불안
네모난 표정으로 각 지어 버린 모습은
흐르는 시간과 삶의 아픔에 찔려
원만한 기둥으로 서기까지 얼마나 많은
상처를 사랑했는지 모른다
저 대지를 향해 피어오르는 모든 것들
원기둥 하나 대지에 박고
흔들거리고 찢기면서
가는 뿌리 대지 향해 더 깊게 구멍 내며
하늘 향해 자라면서 뿌리는 뽑히지 않았다
붉은 해 기다리며 둥근 달 그리워
하루라는 궤적에 중심이고 싶어
원기둥 하나 세우고 깊고 깊게
박고 있는지 모른다
아직도 모난 모습
깊게 뿌리 내린 원기둥 만들어
지구별에 굴러다니다가
흔들거리며 다치고 쓰러질 때
더 깊게 뿌리박으며 너의 중심이고 싶다
언젠가 모두 흙 구멍 파고
몸이라는 기둥을 눕히고
둥글게 덮혀 있다가

어느 날, 저 아래 구멍이 열리면
다시 그 속에 들어갔다 나와서
너의 구멍에 원기둥 세우고
하나뿐인 중심이 되어 영원히 박고 살리라

-원기둥 세워 구멍에 박고 산다' 전문

에서도 얼핏 보면 마치 화자의 체험만을 적은 듯하지만, 주체와 대상의 동질성을 암시하여 동일화하는 '이입'의 방식으로 제시한 총체의 부조리상이 보이며, 그 속에 고립된 자아의 실존을 투영하려는 노력이 역력하다.

4 모순으로 이루는 평등

'모순'이라는 기존 것의 부조리를 극복하기 위해서는 이가 잘 맞는 또 하나의 모순(반쪽)이 필요하다.

밤이 오면 낮이 오고
나쁜 것이 없다면 좋은 것도 없고
없으면 있어지고 힘들면 쉬워지는
모순의 균형 틀, 세상을 보면서
평등한 저울 하나 가슴과 가슴사이 두고
인간이라는 모순의 진실을 사랑하며
모르는 진실 하나 배우려고
모순의 틈 사이에 지금 머물러
그대 위해 사랑하며 산다

- '모순이라는 평등' 일부

이때 전반적인 불균형을 극복하기 위해선 기존 것에 편중된 무게(기득)를 감안하여, 새로 집어 든 모순에게 비교적 관대할 필요가 있다.
따라서 아래의 시는 의도적이기 라도 한 듯, 오성으로 '파토스'를 왜곡하지 않고 선뜻 수용한 경우인데

감정이 경악할 정도로
이성의 목덜미를
생각 못할 한계점에서 물어뜯고

기소할 수 없는
완벽한 사건을 저지르고
기억이 상실할 때쯤

피를 마셔야 사는
조잡한 동물의
몸짓임을 안다.

역사는 이성의 백지 위에
고상한 동물들이 피 뿌리는
감성의 그림들을 보며

개념이라는 공간에 초대하여
思考의 피를 빨아 먹는
추상물의 피사체들

서로 태어나기 위해

감성과 이성
모든 것
하나의 사랑을 위해

뜨겁게 달구어진 몸으로
쏟아지는 그리움에
사랑으로 태우며
절정 속에 자신을 버린 후

사이와 경계를
느낄 수 없는
그 속에 나누어 받고
피가 그리워
같이 태어나는 것

-'드라큘라의 정사' 전문

이념의 덩어리를 물어뜯어 입안에 굴리는 사탕이란, 이빨을 결국 썩게는 하지만 혀 위에서 달콤한 것만은 부정할 수 없는 사실이다.
향락이란 반드시, '타락한 생각' 에서만 가능한 법이므로.
유사한 경우의 시편 '무레타' 에서도 보이는 경향이지만, 이러한 '아니무스' 적 돌파력으로야말로 현세의 인간상에 가장 가까이 다가설 수 있으며. 이로 인해서만 기존의 편기성(偏倚性)이 극복된, 명징한 '휴매니티' 를 획득하는 유일한 길이라고 그는 호소하고 싶은 모양이다.

그러나 여기에서 간과된 윤정식(式) '인도주의' 의 편기(偏

倚)를 지적하고 넘어갈 필요가 있겠다.
그는 박애에서 기인한 항해술사답게, 절대로 묘사적이지 않고 철저히 서술적이다.
독자에게 손쉽게 다가가기 위한 친절한 배려일는지 모르겠으나, 쉽게 이해 된 시는 쉽게 잊혀지므로 결국 '독자는 다가가면 도망치는 모순 된 존재' 임을 의식할 필요가 있다.
시는 '표현' 의 문제만이 아니라, '절제와 함축' 이라는 고난도 과제를 해결해야 한다.
창작가들 모두 퇴고에 있어 조율의 명제는 가장 고심스런 대목이지만 '교(巧)와 졸(拙)' 의 화두를 새겨보면 '시' 란, 유독 기교를 정통으로 하는 미학이었으며 또한, 머리에 인식시키는 미학이 아니라 가슴에 울려야 하는 미학이라는 점도, 빼 놓을 수 없는 요건이다.

한걸음 더 나아간 거시적 관점에서의 시론까지 언급하면, 시인이 연주하여 들려줄 음악은 풍금만의 독주가 아니라, 다른 관악기나 타악기를 염두에 두고 그들과 어우러지는 합주임을 고려할 필요가 있다.
거듭 말해, 서로 상이한 방향으로 뛰어나가는 '지(知),정(情),(義)' 의를 세 마리 토끼를 한꺼번에 잡아야 하는 난제를 극복할 때 걸작이 빚어진다는 사실을 외면해서는 아니 될 것이다.

5 교조(敎條)의 틀을 넘는 시공간(詩空間)

상기의 시편들에 비해서 아래의 경우는
일어서기까지 얼마나 많은
그리운 눈물을 흘렸는지 알 수 없다

하늘을 등에 지고 땅을 거울삼아
주워 먹었고 올라가 따 먹으며
하늘을 보기 위해 구부러진 등이
바로 서기까지 얼마나 많이
그대를 보고 싶어 했는지 모른다

먼 별 그리움을 땅에 심고
수많은 밤낮을 버리고 죽으면서
얼마나 많이 일어서 있었는지
누구에게도 대답할 수 없었다

대지 위에 몸을 팔아
더 가까이 더 먼 별을 가져오기까지
털이 벗겨지고 꼬리가 닳아 없어지기까지
얼마나 많은 피를 바다로 흘려보냈는지
누구에게 물어 볼 시간도 없었다

일어서면 주저앉고
또 일어서면 대지에 파묻히며
하늘을 데려 와 이 땅에 세우려고
얼마나 많은 하늘을 그리워하며
아직도 그대를 사랑하며
얼마나 일어서 가야 하는지 나는 모른다

『호미노이드: 원숭이 과에 속해 직립보행을 한
유인원 모든 통칭어라고 할 수 있다』

-'호미노이드' 전문

통념에서 유발되는 언어적의미를 차단하고, 직감으로 음미해야 도달할 수 있는 메타포어가 비교적 많이 구사된 시편이다.

특히 주지해야할 대목인 (하늘을 데려 와 이 땅에 세우려고/ 얼마나 많은 하늘을 그리워하며/ 아직도 그대를 사랑하며/ 얼마나 일어서 가야 하는지 나는 모른다)을 살피면, 시인의 미감(美感) 속에, 과거로만 향하던 생명관의 향수적(鄕愁的) 시야를 미래로까지 향하게 하여 그 영구성을 보존하려고 하고 있다.

의미의 모든 것을 비워야 한다고 한다
음식도 육신의 보살핌도 물질의 관심도 죄다
점점 나무처럼 딱딱해 지면서
벽처럼 점점 두꺼워지는 의식이 죽음이라고 한다
굴뚝에서 나는 연기보다 더 검은 물이 흐르고
불 보다 뜨겁게 부글거리며 이성을 절단 시킨다
세상은 더 달라붙어 미끄러워 넘어지고
제대로 서지 못하면서 날고 싶은 욕망이 자신을
기어코 마비시키며 진흙투성이의 대지에 갇혀
사라져 가는 몸을 모순이라고 한다
순간순간 즐거움이 매몰 당하는 불안사이 공간에
스스로 소멸해 버린 것을 보면서 원래 아무것도 아닌
영원성에 대한 갈망의 산물이 영혼이라고 한다
시간에서 벗어나는 자유로움은 망각에 대한
치열한 거부이고 방어라고 하면서 오랜 옛날
수 만 년 동안 썩지 않는 조개껍질과 목걸이
동물 이빨 장신구 같은 것에 공존시키면서
죽음이라는 현실 앞에 스스로 자기를 버리고서
스스로 자기 기만의 영혼으로 다독거리고 위로한 뒤
끊임없이 그 존재를 믿고 싶어 하는
시간 없는 집시로 불멸의 나그네라고 산다

『아이겐벨트: 영원하다는 환상』

- '아이겐벨트(Eigenwelt)' 전문

에서는 화자의 의도가 시문학적 여과 없이 드러나고 있는데 이는 인간과, 인간의 피조물(被造物)즉 '문명'을 전지적 공간에서의 이식으로 보려 한 그리스도적 관점과 진화론적 생명관의 절묘한 봉합을 통하여, 더욱 전능해진 휴매니티를 갈구하려는 시인의 자력적(自力的) 열망의 소산이다 .

'불확정성의 이론'을 신봉하는 현대의 과학자들은, 기존 시공간(時空間)에다 초시각적(初視覺的) 으로 물체를 들이부어 공백을 메우려 하고 있다.

윤정의 경우도 크게 다르지는 않지만 그의 시공간(詩空間)은 확실히, 기존의 모든 진선미(眞善美)가 교조라는 이유로 시인은 식상하고 있으며, 이에서 야기된 원(圓)의 구도임을 알 수 있다.

피고 지고 앉고 서고
높고 낮고 얕고 깊은 것을
너라고 누가 계산할 수 있겠니
완전하다는 원의 3.141592......지름 뒤에 숨어
무한대를 꿈꾸는 너를 알기까지
죽음이 끝인 줄 알고 얼마나 허무했는지

이제 너의 끝없는 나머지를 안고 희망을 보며
찰나와 억겁이 비로소 종이 한 장 차이라는 것도
들여다 볼 수 없는 허공 같은 것이었지
불확실하여 변할 수밖에 없는 이 끊임없는 사실은

언젠가 너와 내가 머물 믿음뿐이겠지

너의 나머지 속에 기다림으로 내가 머물
또 다른 생명의 원을 찾아서
돌고 돌아올 끊임없는 흔들림으로
함께 할 수 있다면
나 이제는 너를 계산하지는 않겠다

－'大數學의 고뇌를 알고나서' 전문

이러한 불만은 그로 하여금, 심역(心域)과 물역(物域)을 아우르는 새로운 원(圓)을 끊임없이 그려내게 하고 있는 것이다.